LE GRAND CONCLAVE

Suite

DES CARACTÈRES & PROFILS.

———

par

VICTOR GRENIER

Prix : 1 franc 25

Typ. Th. Cazal. (Saint-Denis Réunion)

1877.

LE MARCHÉ DE TYPOGRAPHIE

— o —

Un dernier mot, pour le moment, sur le marché de typographie et de reglure, consenti de gré à gré, au profit de l'imprimeur du Moniteur, pour les travaux nécessaires aux divers services du gouvernement.

Nous avons réclamé bien souvent contre ce marché consenti de gré à gré, quand aux termes de la loi et des réglements sur la matière, il aurait dû être l'objet d'une adjudication publique avec concurrence sérieuse. De là, nullité du marché.

Nous avons expliqué aussi, comment ce marché, irrégulièrement consenti était onéreux pour les finances de la colonie. De là, la nécessité, d'en prononcer la résiliation pour cause de lésion énorme.

Nous avions promis de faire de ces réclamations aussi justes que bien fondées, l'objet d'un nouveau « Delenda Carthago » qui reviendrait à la tête de chacune des brochures que nous offrons de temps en temps à nos lecteurs. Nous avons jusqu'ici tenu notre promesse, mais, pour ne pas abuser de la patience du lecteur, nous croyons devoir mettre un terme à cette scie qui n'a plus de raison d'être, en vertu des explications que nous croyons tenir de bonne source. Il paraît en effet que la commission du budget aurait interpellé à ce sujet le chef de notre administration intérieure, qui aurait répondu d'une façon catégorique que le marché de typographie et de reglura consenti au profit de M. Labuppe serait définitivement mis en adjudication publique dans le courant de l'année prochaine, de manière à donner au nouvel adjudicataire une année entière pour se procurer son outillage et les fournitures nécessaires à l'exécution de ce marché.

Nous n'avons donc plus rien à ajouter : Justice est promise, et justice sera faite. Mais pour que tous les intérêts soient sauvegardés, les intérêts du trésor, aussi bien que ceux des adjudicataires, il faut que les conditions du nouveau cahier des charges pour cette importante fourniture, soient dressées par des personnes ayant la compétence nécessaire pour rédiger un pareil travail. sans cela l'adjudication publique pourrait n'être qu'une plaisanterie, et la loyale concurrence exigée par la loi pourrait ne pas être sérieuse.

Il ne faut pas que le cahier des charges soit rédigé de façon à ce que la soumission ne soit possible qu'à un seul établissement de typographie. Il faut au contraire que tout le monde puisse venir demander une part dans un travail dont la rémunération est une espèce de subvention pour la presse locale.

On ne peut arriver à ce résultat qu'en adjugeant le marché par portions. Sans cela, il faudrait pour une adjudication générale des ressources considérables qui se trouveraient difficilement dans le pays. L'adjudicataire actuel serait encore appelé à faire la loi à tout le monde, — aux autres imprimeurs de la colonie, aussi bien qu'au trésor public lui-même. — Il y aurait encore injustice et privilège, et cette fois ce serait un privilège de fait plus odieux et plus brutal que le privilège de droit, puisque celui-ci peut être détruit par un vote du conseil, tandis que l'autre reste inattaquable en s'abritant sous la protection de la loi commune.

Nous pensons donc qu'après avoir pris toutes ses précautions pour la rédaction d'un cahier des charges sérieux, l'administration adjugera son marché par portions de façon à donner un morceau tous les imprimeurs qui croiront devoir soumissionner.

Ce serait juste, et surtout ce serait avantageux pour le trésor. Sans compter que l'administration aurait un intérêt spécial à tenir dans sa main tous les imprimeurs qui possèdent des journaux dans la colonie. L'adjudicataire du marché pourrait-il être en même temps le propriétaire d'un journal qui prêcherait des idées subversives ? — Évidemment non ! — Cette considération ne doit-elle pas entrer en ligne de compte, dans les temps de tourmente politique où nous vivons ?

LE GRAND CONCLAVE

suite

DES CARACTÈRES ET PROFILS

—•—

L'espace nous a manqué, dans notre dernière brochure, pour terminer les caractères et profils des membres de la délégation de St-Pierre, que nous voulions faire passer sous les yeux de nos lecteurs. Nous reprenons aujourd'hui notre tâche au point où nous nous étions arrêté.

M. THÉODORE THOMAS.

Le père Rigolo dont nous n'avions pas achevé le portrait, est comme nous l'avons, dit un vieux brave, ancien chef d'escadron d'artillerie, jouissant des douceurs de la retraite au milieu des pâturages de la Plaine des Cafres. Mais il ne faut pas croire pour cela que ce vénérable septuagénaire se soit condamné au repos de corps et d'esprit que commande son âge. Non ! Le Père Rigolo ne veut pas sortir de la vie comme un vieillard en sort. »

Il a conservé toute l'activité et toute l'énergie de sa jeunesse. Cet honorable représentant du canton St-Pierre au conseil général, est un phénomène psychologique très curieux à étudier.

On croit voir de la gravité et de la maturité, parce que l'on voit des cheveux blancs ; — On croit voir de la sagesse et de l'ordre parce que l'on voit une tenue irréprochable ; — point ! Sous ce crâne blanchi, ce n'est pas le calme de la froide raison, c'est une chaudière en ébullition, c'est une fusée, c'est un pétard, dont l'explosion vient vous atteindre au moment où vous y vous attendez le moins.

Le Père Rigolo a conservé dans son âge mûr, non seulement toutes les illusions et toutes les espérances de la plus folle jeunesse, mais encore toutes les utopies et toutes les excentricités dont se régale l'imagination des collégiens qui se croient appelés à réformer la société, et à jeter sur le monde des splendeurs inconnues. C'est un état mental qui adhère à la folie, et qui a pour curatif l'expérience qu'apporte ordinairement le nombre des années. Quant au Père Rigolo, il paraît qu'il est décidément incurable. On peut aimer et respecter cet excellent vieillard ; mais le prendre au sérieux, jamais !

S'il est permis de le dire, sans manquer à la déférence que nous devons à nos honorables, la première assemblée élue du pays peut être considérée comme une compagnie d'artistes dramatiques et lyriques, dans laquelle le Père Rigolo tient avec avantage l'emploi du haut comique. Il a toujours le mot pour rire dans les questions les plus sérieuses, il aime à batifoler sans cesse. Le public l'aime pour cela, et ne voudrait pas le changer pour un autre, il sert à rompre la monotonie des discussions arides.

C'est d'abord une petite voix douce, — Le Père Rigolo commence — puis l'intonnation est plus grave ; Le Père Rigolo s'allume ; — ensuite on entend comme un ronflement de basse taille, le Père Rigolo est enflammé ; il parle avec indignation des misères populaires et des injustices des institutions humaines. Ensuite la voix redevient douce, et la plaisanterie commence et le Père Rigolo se met à rire — Quelquefois il rit seul de ce qu'il dit ; mais que lui importe ! Il se préoccupe fort peu de l'effet définitif produit sur le public et ne pense pas à la question de savoir si l'on rit de la facce ou du farceur.

Comme nous l'avons dit plus haut, le Père Rigolo s'est établi à la Plaine des Cafres sur une concession assez importante C'est là que commence la série de ses tribulations économiques.

En tombant en garde, il a voulu batir, et il a bati un chateau du moyen age, en pierres, à chaux et à sable, dans cette localité où il n'y a ni chaux ni sable, ni pierres pour bâtir. Il aurait été bien plus simple et plus sage de construire une bonne maison en bois couchés, puisque le bois était à pied d'œuvre, mais cela n'aurait pas été romantique.

Ceci est la première faute économique du représentant de St-Pierre. Avant d'avoir complétement terminé sa maison, le Père Rigolo avait dépensé son dernier sou, et quand il a fallu se

procurer les instruments aratoires, les travailleurs
et les animaux nécessaires à son exploitation,
il a vu qu'il avait épuisé son petit capital, et
qu'il ne pouvait plus marcher.

Alors il est devenu l'ennemi du capital. Il s'est
dit : Tâtons de la politique coloniale et générale.

Il se prit alors à penser qu'il était né pour l'é-
conomie politique et la science de la pro-
duction et de la répartition des richesses,
n'ayant plus rien à faire, il a pris un abonne-
ment au Journal le Travail, et il a prié en outre
M. Trollé, pour qui il s'est pris de belle passion,
de vouloir bien lui prêter tous les ouvrages d'é-
conomie politique qu'il pouvait avoir dans sa
bibliothèque. Au bout d'un certain temps, ap-
prenant régulièrement le Travail par cœur et li-
sant continuellement les économistes, il était devenu très fort, et il se persuada que n'ayant pas
su faire ses propres affaires, il était créé et mis
au monde pour s'occuper de celles des autres.
C'est alors qu'il s'est présenté aux suffrages de
ses concitoyens et qu'il est devenu membre du
conseil général

Le Père Rigolo porte allégrement ses soixante huit ou soixante dix ans, il a la tête blanche, la figure rouge comme un radis, bon pied,
bon œil et trente deux dents. C'est le gamin du
conseil général. Si une farce a été faite, si une
niche a été jouée à quelqu'un, c'est le père Rigolo
qui en est l'auteur. C'est un Gavroche septuagénaire. Il n'est pas très fort sur la littérature e

fait quelquefois des erreur d'orthographe, mais cela ne l'empêche pas de parler sur tout, contre tout et à propos de tout, sans savoir en se levant ce qu'il aura bien à dire à ses collègues. Peu lui importe, il entre en matière par une petite histoire plus ou moins concieuse, et trouve toujours une plaisanterie pour terminer et se tirer d'affaire. Le Père Rigolo s'est fait une véritable réputation avec les propositions extraordinaires qu'il a déposées et qu'il dépose sans cesse sur le bureau du conseil. Ses collègues passent à l'ordre du jour en demandant la question préalable, mais peu importe, le Père Rigolo ne se trouve pas complètement battu pour cela, et dans la session suivante, il recommence ses mêmes propositions et ses mêmes plaisanteries. Membre du conseil général il a déjà demandé deux fois la suppression du conseil général, il a demandé deux ou trois fois la nomination des juges de paix par les électeurs illettrés la réforme les impots etc — etc. — Il n'en a pas fini, il demandera jusqu'au dernier soupir l'application de toutes les utopies qu'il rencontre dans les livres que lui prête son bon ami Croquemitaine. Mais tout cela se fait de bonne foi, le Père Rigolo croit à la manie indéfinie du progrès par la science économique, il croit aux merveilles de l'association communiste, à l'harmonie prédite par Fourrier, et il attend avec conviction qu'il lui pousse une queue avec un œil au bout, pour arriver à la perfection des félicités humaines.

Chose digne de remarque et qu'il est nécessaire d'expliquer,, tous les membres de notre
conseil général, qui sont individuellement des
des hommes bien élevés, composent une réunion
étrange, qui à l'air d'avoir pris à cœur de prati-
quer les principes vulgaires de la civilité puérile
et malhonnête. Voilà des hommes qui pris en à
un dans la rue, ou dans un salon, ont l'air d'a-
voir reçu une bonne éducation, et qui s'insul-
tent et s'outragent brutalement quand ils sont
assis autour de la table des délibérations du conseil. Comment se fait-il que la réunion d'un certain nombre d'hommes bien élevés donne pour
résultante un goujat ? — Ce fait ne peut s'expliquer que par l'erreur où sont tombés nos représentants libéraux qui pensent que pour faire
preuve d'indépendance et de démocratie, il faut
manquer de respect à l'autorité et engueuler
ses adversaires.

Le Père Rigolo, quand il est parti pour les
régions démocratiques élevées, tombe malheu-
reusement trop souvent dans l'erreur que nous
venons de signaler. En quoi il ne ressemble pas
à son ami et chef de file M. Trollé qui nous dit
tout avec amour et politesse jusqu'à ceci : « Mon
bon ami, mon cher ami, vous êtes franchement
un imbécile ! » — Affaire d'habitude et de tem-
pérament ! M. Trollé se moque du public qui
l'écoute et ne se laisse pas influencer par sa présence, le Père Rigolo, au contraire, est soulé par
cette pression extérieure dont il n'a pas l'habitu-

de et qui produit sur son système nerveux un véritable effet alcoolique.

Cela lui attire quelquefois de désagréments. Le Père Rigolo a été sévèrement blâmé par ses collègues et par le public, quand au mépris de toutes les convenances parlementaires, il a qualifié « d'indécente » la conduite d'un de ses collègues, l'honorable maire de St Benoit, qui n'avait fait qu'user de son droit strict et rigoureux en s'abstenant de voter dans une question où sa conscience lui commandait de garder une complète neutralité.

Le Père Rigolo a été rappelé aussi à l'ordre, poliment mais assez vertement par le commissaire du gouvernement, quand il s'est permis de dire et de répéter, aux yeux des tapageurs assistant à la séance, qu'il n'avait pas confiance dans le l'administration.

Le Directeur de l'Intérieur dans une réplique méritée a fait comprendre au représentant de la Plaine des Cafres que si l'administration n'avait pas sa confiance, c'était un malheur dont elle était consolée par de larges compensations Ce fut aplatissant.

Le fait mérite d'être raconté. Le lecteur connait sans doute le spectacle du Polichinelle. Qui ne connait pas, au moins par oui dire, le spectacle de Polichinelle ? Charles Nodier y passait des heures entières et s'y amusait comme un enfant. On voit sur la scène Polichinelle qui fait des gambades, insulte le public et bat sa femme. Le chat est dans un coin de l'avant-scène tranquillement assis et regardant gravement ce qui se passe. Mais il arrive un moment où Polichinelle, excité par les applaudissements de la foule, et se croyant tout permis, prend bravement son petit bâton et veut battre le chat : alors celui-ci sans se fâcher, allonge la patte, empoigne Polichinelle et le met dans sa poche. N'est-ce pas un spectacle semblable à celui qui se passe au Conseil général quand les polichinelles de l'Endroit viennent se frotter malencontreusement au grave matou qui les surveille et les écoute sans rire ?

Quoiqu'il en soit, le Père Rigole est, comme nous l'avons dit en commençant, un vieux brave que le suffrage universel a bien fait d'envoyer au conseil général pour porter la note gaie dans cette assemblée qui la plupart du temps serait sans lui, d'une monotonie désespérante. Nous souhaitons donc qu'il garde son siège de mandataire du peuple colonial, jusqu'à la fin de ses jours. Ainsi soit-il !

M. DENIS DE K VÉGUEN.

—◦—

Membre de la délégation de St-Pierre, depuis la création du Conseil général élu dans la colo-

..., M. Denis de Kéguen est le favori du suffrage universel qui ne lui a jamais fait d'infidé-
lité dans sa commune, toutes les fois qu'il s'est
agi de choisir des représentants aux différents
conseils généraux ou municipaux pour la localité.
Il n'y a pas d'effet sans cause, il y a une raison
à cette faveur populaire. Est-ce le mérite personnel, l'indépendance du caractère, l'influence de
la camaraderie, l'habitude des électeurs de jeter
toujours les yeux sur le même candidat, la ré-
pugnance de ceux qui pourraient se faire nom-
mer, et qui refusent de s'éloigner de leur intérêt
personnel pour aller au loin exercer des fonctions honorifiques quelquefois très-onéreuses
pour ceux qui en sont chargés ? — Peut-être
quelque chose comme tout cela ensemble.

Le représentant perpétuel de la commune de
St-Pierre au conseil général est le frère consan-
guin de M. le Cost de Kéguen, le plus riche
propriétaire foncier de la colonie, dont les journaux de la Métropole annonçaient l'arrivée à Paris
en le désignant par le qualificatif de Nabab de
l'île de la Réunion. Il est par conséquent l'oncle
de la duchesse de Trévise et de M. le docteur
De Mahy, notre député au parlement métropoli-
tain. Il est le parent ou allié des principales fa-
milles de St-Pierre, et descend lui-même d'une
race de gentilshommes dont on retrouve encore
la trace au dur pays Breton. On se demande com

ment avec un semblable parentage, le représentant St-Pirrois n'a pas trouvé le moyen de se
créer une position personnelle importante , et
comment il se fait, qu'arrivé bientôt au terme
de sa carrière, dans un age assez avancé, avec des
cheveux gris et la barbe blanche, il soit actuellement pauvre, besoigneux , endetté, tout en restant fier, pointilleux et intolérant ? — Il faut penser qu'il manque quelque chose à cette intelligence : ne serait-ce pas la feuille du jugement et
de la modération ? — Quoi qu'il en soit, après
s'être donné beaucoup de mal, sans résultat ,
après avoir dépensé beaucoup d'argent, et sans
espoir maintenant de faire fortune, il peut écrire,
comme François Ier à sa mère : « tout est perdu
fors l'honneur. »

Oh ! l'honneur, ou plutôt le point d'honneur,
voilà la religion première de M. Denis de Kvé-
goon. Pour un rien, il vous propose de mettre
flamberge au vent, il crie, il tempête, il fait un va-
carme de tous les diables. Son système nerveux
est dans un état perpétuel de surexcitation. A
quel age ce vieillard compte-t-il mettre enfin de
l'eau dans son vin, et se résigner à devenir une
personne sérieuse ! Nous ne voulons pas entrer
ici dans de longs détails à propos de la suscepti-
bilité du citoyen Denis, nous ne raconterons pas
ses aménités à l'endroit de M. Trollé dans le
sein du conseil municipal de St-Pierre, nous
laissons dans l'ombre, bien d'autres histoires sem-
blables dont le souvenir pourrait donner des re-

grets à M. Denis de Kjvéguen qui au fond, est un homme bien élevé, et n'est pas un mauvais cœur. Contentons nous de dire qu'il a tort de se montrer si tranchant et susceptible, quand il fait lui-même si bon marché de la dignité des autres. Il ne faut pas oublier que le role de matamore pouvait être de mise au moyen age, mais qu'il est devenu profondément ridicule dans notre siécle de civilisation et de lumière.

Laissons ce point. M. Denis de Kjvéguen n'est pas le premier conseiller général venu, il a son individualité et son originalité spéciales. C'est un composé assez étrange d'Antithèses et d'idées incohérentes. Ainsi personne n'est plus entiché que lui de sa noblesse. Le souvenir de ses aieux lui trouble la tête. Il aime à rappeler, à tout propos, que ses ancêtres ont été aux croisades, avec Pierre l'Hermite, pour conquérir sur les infidèles le tombeau de Jésus-Christ. Pour un peu, il ferait peindre sur la porte de son poulailler la devise connue : « Dieu, ma Dame, et mon Roy ! » Et avec tout cela, le voilà républicain, démocrate et même radical, c'est-à-dire Libre penseur !

Ici se place tout naturellement une petite histoire assez piquante qui donnera une juste idée de ce chevalier, qui voudrait continuer à rosser les manants, tout en restant philosophe humanitaire, amoureux du suffrage universel, et qui tout en s'inclinant devant l'image de Dieu, et le dévouement au Roy, chanterait volontiers avec Voltaire :

Et des boyaux du dernier Prêtre,
Etrangler le dernier des Rois.

M. Denis de Kerveguen était maire de St-Pierre, quand la Colonie a reçu le premier évêque chargé de l'administration de son diocèse. C'était Monseigneur Florian Desprez, aujourd'hui archevêque de Toulouse. L'arrivée d'un Evêque, venant prendre pour la première fois possession de son siège épiscopal, est toujours, même en France, un véritable évènement pour toutes les villes du diocèse. Il devait en être par conséquent ainsi, pour la Colonie de la Réunion qui n'avait jamais eu d'Evêque. Aussi la première tournée pastorale de monseigneur Florian Desprez, fut-elle une véritable marche de triomphe autour de l'Ile. Le programme officiel portait que l'Evêque serait reçu, à l'entrée de chaque quartier, par le maire qui lui adresserait un compliment. Cela fut exécuté partout avec le plus vif empressement, on remarqua même qu'à St-Leu, le maire voulut se mettre à genoux pour lire son compliment à l'Evêque ; mais monseigneur Desprez s'empressa de le relever, et le pria de parler debout. Il n'en fut pas de même à St-Pierre. M. Denis de Kerveguen consentait bien à complimenter l'Evêque, et à aller le recevoir à l'entrée de la ville avec son conseil municipal, mais il ne pouvait se résoudre à appeler l'Evêque, monseigneur. Un républicain, dire à un homme monseigneur, cela ne lui paraissait pas possible après les évènements de 1848, qui avaient ramené l'égalité parmi les citoyens. Cependant, comment faire ? — Tout le monde se précipitant au devant du nouveau Pasteur de la Colonie, en se conformant au cérémonial reçu, M. le maire de St-Pierre, ne pouvait pas seul appeler monseigneur Desprez, Monsieur ou citoyen, en suivant l'exemple des Jacobins qui avaient appelé l'infortuné Louis XVI, citoyen Capet. Monsieur Denis se tira d'affaire en appelant monseigneur Desprez SAINT PRÉLAT.

Saint-Prélat ! voilà un qualificatif assez inusité en pareille circonstance. Le nouvel évêque, avec ce sourire fin, qui caractérise son heureuse physionomie, fit observer à Monsieur le Maire de St-Pierre qu'il lui était réellement impossible de l'accepter : « Je m'efforce tous les jours d'approcher de la Sainteté, dit sa Grandeur, je prie Dieu qu'il me fasse cette grâce, mais je ne puis avoir l'orgueil d'y arriver dès maintenant. »

Quoiqu'il en soit, M. Denis de Kjerréguen ne manque pas d'une certaine culture dans l'esprit; il a de la lecture, il a voyagé pour s'instruire en s'amusant. S'il n'a pas un grand talent oratoire, et si ses études littéraires paraissent avoir été négligées, il parle d'une façon très-pertinente des chefs-d'œuvre de la peinture et de l'art du statuaire. Il est familier avec toutes les productions des grands maîtres. Il paraît avoir étudié toutes les écoles, depuis l'école Italienne, jusqu'à l'école Allemande et l'école Française. Sa conversation est intéressante sur ce point, et dans notre pays de planteurs et de marchands, on trouve difficilement des amateurs de sa force.

À côté de cela, M. Denis de Kervéguen ne joue qu'un rôle effacé dans le sein du conseil général. Avec ses goûts artistiques, et peut-être à cause de ces goûts là, il ne se donne pas la peine d'étudier les affaires sérieuses, et vote volontiers avec les hommes en qui il a mis sa confiance. Depuis 1871 le citoyens Denis a été un Drouhétiste convaincu : on dit qu'il a changé aujourd'hui de manière de voir. L'oiseau aurait rompu le fil qui le retenait par la patte. Nous le verrons bien à l'arrivée de M. Drouhet.

M. FÉLIX FRAPPIER DE MONT-BENOIT.

— o —

Le voyageur qui traverse les plaines brûlantes de l'Afrique, rencontre quelques fois, au milieu du désert, une verte oasis où il repose avec une indicible satisfaction ses membres fatigués.

Nous éprouvons un sentiment analogue quand après avoir esquissé tant de physionomies diverses, quand après avoir fait grimacer tant de figures

'disparates, nous rencontrons enfin un sympathique visage dont notre pinceau se plait à repro-
duire doucement les traits. Alors plus d'inces-
santes préoccupations, plus de précautions con-
tinuelles pour modifier notre critique et éviter
de blesser ceux que nous voulons peindre avec
justice et vérité; nous n'avons plus qu'une seule
crainte, c'est celle de blesser la modestie de celui
dont nous entreprenons d'offrir le portrait à nos
lecteurs.

M. Félix Frappier de Mont-Benoit est un
homme dans toute la vigueur de l'âge : il a cin-
quante deux ans. Depuis plus de dix-neuf ans il
administre avec distinction l'importante commune de Saint-Pierre, soit comme commissaire
du Gouvernement, soit en qualité de maire choi-
si dans le Conseil municipal élu de sa localité.
Depuis dix-neuf ans, il a été maintenu dans ces
fonctions par les électeurs et par l'administration. Depuis dix-neuf ans, il a contenté tout le
monde, les fous et les sages, les bons et les
méchants, les transigeants et les intransigeants:
il faut reconnaître qu'il y a quelque mérite à obtenir un pareil résultat.

C'est dans le courant de l'année mil huit cent
soixante neuf que l'administration coloniale, mé-
tropolitaine, reconnaissant les bons et loyaux sé-
rvices de M. Frappier de Mont-Benoit l'a nommé
chevalier de la légion d'honneur. Cette nomination bien que cela était attendue depuis longtemps par
tous ceux qui connaissent M. Frappier et lui ren-
dent justice, mais quand la population de St-Pier-

Contraste insuffisant

re en connut la nouvelle officielle, le maire sympathique de cette commune fut l'objet d'une véritable ovation. Il y eut des sérénades, des cris de vive M. le Maire, plusieurs citoyens illuminèrent leurs maisons. Quelques jours après l'élite de la population offrait au nouveau légionnaire un banquet splendide, comme on sait en donner à St-Pierre. Le souvenir de cette fête est encore vivant dans la mémoire des habitants. On avait fait disposer avec élégance et richesse une immense salle pour recevoir un nombre considérable de convives. Quand M. Félix Frappier arriva, il fut reçu comme un roi entrant dans le château d'un grand vassal du moyen âge : les clairons éclatèrent, les bravos et les vivat se firent entendre, et ce n'est qu'au milieu d'un tonnerre d'applaudissements que l'honorable maire put prendre la place qui lui était destinée. Nous ne raconterons pas tous les toasts qui furent lus ou improvisés dans la circonstance, et qui rappelaient en termes chaleureux les titres de M. Frappier à la reconnaissance de ses concitoyens. Cette tâche excéderait les limites de notre brochure, et nous pourrions courir le risque, en l'entreprenant, de blesser trop profondément la modestie de celui dont nous nous proposons seulement d'esquisser le profil.

Nous avons entendu parler quelquefois des ovations faites à des maires à propos de leur nomination dans l'ordre de la légion d'honneur, l'enthousiasme était alors de commande et les choses se passèrent tout autrement. C'est que la plupart du temps, les nouveaux légionnaires étaient décorés pour des services futurs à rendre à leur commune, et non pour leur mérite constaté et reconnu, tandis qu'au contraire M. Félix Frappier est entouré de l'amour et de la reconnaissance de ses administrés pour avoir vaillemment contribué au progrès et à la prospérité de St-Pierre.

Ici nous ne pouvons nous empêcher de faire rapidement un parallèle entre nos deux principales communes de la partie Sous-le-Vent. Un vieux dicton populaire nous enseigne qu'il ne faut pas deshabiller St-Paul pour habiller Saint-Pierre ; mais il faut se rappeler aussi qu'il faut être juste pour tout le monde, et qu'il faut traiter chacun selon ses mérites. Or un fait incontestable est que depuis une vingtaine d'années St-Pierre n'a pas cessé de prospérer et de progresser pendant que St-Paul déclinait et s'amoindrissait. La première de ces communes monte pendant que l'autre descend : sans doute, ce double résultat doit être attribué à des causes diverses. mais parmi ces causes, ne doit-on pas faire entrer en ligne de compte, l'intelligence qui préside à l'administration municipale dans l'une et l'autre de ces deux localités ? — C'est une question que nous posons à l'administration supérieure et à l'opinion publique. Pour nous, nous dirons seulement que si la commune de St-Paul avait toujours eu à sa tête un maire de la valeur de M. Olive Lemarchand qui

construit lui-même le canal de dérivation des
eaux de la Rivière des Galets, les Saint-Paulois
n'auraient peut-être pas perdu leur tribunal qui
a été transféré à Saint-Pierre, le budget de la
commune ne serait pas chargé d'une dette considérable, et la misère n'aurait pas fait de St-
Paul une espèce de nécropole où les maisons dé-
labrées semblent pleurer dans des rues désertes.

Le spectacle de la décrépitude et de la déca-
dence de la ville de St-Paul est quelque chose
de triste et de navrant depuis quelque temps.
Décrépitude matérielle et intellectuelle, déca-
dence physique et morale ! Ce beau pays, favo-
risé cependant par la nature, n'offrir bientôt que
des plaines arides et sans culture. La patrie de
Dayot et de Parny est devenue la Béotie de la
Colonie ! — Nos vaillants poètes créoles ont été
remplacés par le citoyen tabellion Gilles Richepanse, et son frère siamois le docteur de Fontrabionne. Gilles Richepanse est l'auteur d'une piè-
ce grotesque intitulée « La nuit Terrible » dont
nous avons déjà donné l'analyse à nos lecteurs
dans une de nos précédentes publications ;
quant au docteur de Fontrabionne il n'est l'auteur de rien du tout. A l'aspect de tant de ruines et de misères, quand les hommes sérieux et
intelligents de la localité se retirent sous leurs
tentes, nous nous sentons pris d'un respect dou-
loureux, et nous invoquons pieusement le grand
saint de la cité défunte : O grand Saint-Paul,
viens à leur secours ! Car ta ville s'écroule ! —

Mais le grand apôtre ne vient pas, et les Édiles de l'endroit continuent à organiser des enterrements civils.

St-Paul a été autrefois la première ville de la colonie. C'était la résidence des gouverneurs, le siège de la Cour d'appel et du tribunal de première instance. On y trouvait un bureau des hypothèques, un journal rédigé par Dayot, d'autres organes de la presse indépendante. Il y avait là des industries importantes, une agriculture et un commerce florissants. Tout cela a disparu comme les neiges d'antan. Nous demandons si une administration sage et intelligente de la commune n'aurait pas pu prévenir ou atténuer tant de ruines ? — Nous montrerons tout à l'heure, ce que l'activité, l'énergie et l'intelligence des habitants, secondées par une vaillante administration municipale ont fait actuellement de la ville de St-Pierre, qui n'était autrefois qu'une plaine inculte couverte de piquants blancs.

Parlons actuellement de la question du port. Ce qui s'est passé tout dernièrement à St-Paul à propos de cette grave question, nous donnera une idée de ce que l'on a pu y faire pour tout le reste.

S'il est un point de la colonie que la nature a
disposé pour servir à l'établissement d'un port,
c'est bien, sans contestation possible, la baie de
St-Paul, soit qu'on fasse le port dans l'Etang,
soit qu'on le place, d'après l'avis de l'Ingénieur
Boulin à la pointe la Houssaye. Dans l'un ou l'au-
cun, l'établissement du port assure non seulement la prospérité de St-Paul, mais encore la
supériorité de cette ville sur toutes les autres de
la Colonie. Tout le monde comprend cela. Eh bien!
Qu'est-ce que St-Paul a fait pour l'établissement
d'un port dans sa localité ? — Une série de bé-
vues et de maladresses dont le résultat final sera
l'endormissement complet de St-Paul. Nous dirons tout à l'heure comment la même entreprise
a été suivie à St-Pierre, grâce aux efforts intelligents, et à l'énergique initiative de ses habitants
soutenus par une administration municipale d'u-
ne incontestable valeur.

Mais revenons à St-Paul, et demandons-nous
ce que les habitants de cette ville ont tenté pour
arriver à faire construire chez eux un port qui
aurait fait leur fortune, en assurant la prospérité
générale de la Colonie.

D'abord en remontant à quelques années, nous
trouvons l'histoire d'un pèlerin répondant au
nom de Salitz, lequel se présente aux bons St-
Paulois et leur affirme qu'il va les gratifier du
port demandé. Mais pour cela le Salitz voudrait
obtenir quelques petites choses de la commune.

Réunit donc les honorables du conseil muni-
pal, et leur tient à peu près ce langage :

« Généreux humains.

Vous voulez avoir un port, cela se conçoit,
vous êtes trop intelligents pour ne pas comprendre l'avantage qu'aurait pour vous un pareil établissement maritime ! — Vous voulez donc avoir
un port, et je suis sûr que vous serez gracieux
pour celui qui vous le ferait obtenir. Et bien !
généreux humains, je viens vous dire que j'ai votre affaire dans ma poche, ou pour parler plus
correctement, dans ce tas de papiers que j'ai là
sous le bras, et qui contiennent tous les plans,
devis et descriptions des travaux que vous aurez
à exécuter. Vous comprendrez fort peu le chef-
d'œuvre scientifique que j'ai l'honneur de mettre
sous vos yeux, mais je vous affirme que je ferai
accepter tous mes plans par l'autorité métropo-
litaine compétente. Généreux humains, je ne
vous demande rien pour moi, je ne veux, comme
tous les promoteurs de ports passés, présents et
futurs que la gloire d'attacher mon nom à une
entreprise si utile à la colonie. Oui ! tous autant
que nous sommes, nous travaillons, purement et
simplement, pour les beaux yeux de l'île de la
Réunion : seulement, généreux humains, vous
comprendrez que pour me permettre de me rendre à Paris ou je me consacrerai à la défense de
vos intérêts, j'ai besoin qu'on paye mon passa-
ge, et qu'on me vote une petite somme annuelle

pour frais de nourriture et logement, vêtement
argent de poche, cigares etc., en tout la bagatel-
le de quinze à vingt mille francs, plusieurs fois
répétée. »

Les édiles St-Paulois, charmés de tant de dévouement votèrent au pèlerin Saltz tout ce
qu'il demandait, et ils attendirent avec la plus
grande confiance le résultat de ses négociations
à Paris. Le Saltz était en correspondance régu-
lière avec le maire qui lui faisait parvenir de
temps en temps, les petites sommes qu'il demandait pour suivre son entreprise. Ce fut au
bout du compte une véritable mystification, et la
commune s'étant à la fin lassée de fournir sans
cesse, sans obtenir de résultat appréciable, le
projet Saltz fut enterré au bout de quelque
temps, et oncque depuis personne n'en en-
tendit parler.

La commune de Saint-Paul devait être bientôt l'objet d'une seconde mystification, en
tous points semblable à celle dont nous venons
de parler. Au moins, dans la fable de la
Fontaine, Me Corbeau après avoir été la dupe du
Renard, jura, mais un peu tard, qu'on ne l'y pren-
drait plus. Les Ediles St-Paulois après avoir
gobé le projet Saltz, avalèrent avec le même ap-
pétit le projet Mazon.

Le citoyen Mazon, maître au grand et petit ca-
botage, jeté par hasard, sur la plage de Saint-
Paul, devait tout naturellement se sentir pris
d'une passion tendre pour cette aquatique cité,
et l'on comprend son dévouement et son patrio-

tisme colonial, quand il se mit en tête d'offrir d'une façon toute désintéressée ses services à St Paul pour l'édification d'un vaste port dans l'Étang L'honorable M Wisley qui était alors maire, le présenta à son conseil municipal et comme le citoyen Salliz, maître Mazon fit son speach aux édiles St Paulois.

Illustres mortels, leur dit-il, vous voulez un port, et vous avez parfaitement raison : j'ai votre affaire dans ma poche. C'est un plan lumineux que le conseil des travaux maritimes ne manquera pas d'accepter avec enthousiasme. Je vous offre le couteau et le pain, ajoutez-y le sel et le poivre, vous avez le canard, et il vous sera très-facile d'avaler le palmipède. Je ne vous demande rien, c'est convenu, seulement vous voudrez bien payer mes frais de voyage et de séjour en France. Cela ne vous coutera que la modeste somme de vingt-cinq ou trente mille francs, en chiffres ronds, sans compter les centimes additionnels.

Et l'assemblée vota la somme avec enthousiasme, et St-Paul eut une seconde représentation de la mystification Salliz.

Ce nouvel échec fit mettre de côté pendant quelque temps le projet de construire un port à Saint-Paul.

Mais voici M. Conil qui reparait avec un nouveau projet. La chose est prise au sérieux, M. Conil va réussir, les mandataires de Saint-Paul l'appuient de toutes leurs forces. C'est bien, c'est juste, c'est logique. Le projet de M. Conil assure la suprématie de Saint-Paul sur tou:

tes les autres villes de l'Ile. Mais remarquons bien ceci. M. le docteur Milbet est maire, il est aussi membre du Conseil général, comme son frère siamois, le splendide Gilles Crestien. Le citoyen Pallu de La Barrière, un matin, s'il en fut, se jette à la traverse du projet Conil, il imagine de créer un port à la Pointe des Galets. Cette fois le projet soutenu par la haute influence d'un ingénieur célèbre finit par avoir une complète réussite. Un vote du Parlement accorde tout ce qui est demandé : le port se fera à la Pointe des gallets, et St-Paul sera complètement anihilé. Savez-vous ce que font les mandataires de St-Paul ? — Ils soutiennent le projet du sieur Pallu de la Barrière ! Que dis-je ? Ils le prônent, ils le subventionnent ! Ils abandonnent M. Conil.

Dans un moment, on croit que M. Pallu perd pied à Versailles, alors le maire Jean Milbet fait voter une somme de vingt mille francs par sa commune, aux fins de payer un voyage et des frais de séjour pour M. Droubet, lequel est expédié en qualité d'ambassadeur extraordinaire, pour prêter main forte à Mons Pallu et couvrir de son immense personnalité, M. Lavalley, notre député, notre sénateur, et tous les personnages qui s'occupent de doter la colonie de ce port tant désiré.

La caisse de la commune était vide : on emprunte de l'argent pour le donner à M. Droubet, qui part avec un imperturbable sang froid, qui arrive après que tout est fini ou du moins convenu, et qui télégraphie à M. Milbet: «All right.»

ayant eu la modestie de ne pas dire comme Cé-
sar : « Veni, Vidi, Vici. » Voilà l'histoire de
la création du port de Bourbon, et le rôle qu'a
joué la commune de Saint-Paul. Désormais
cette malheureuse commune, qui aurait dû avoir
son port dans l'Étang, ou à la Pointe La Houssaye, sera réduite à prier M. Lavalley de vouloir
bien lui prêter des machines et engins nécessaires pour faire transporter toutes ses maisons
à lapointe, la ville de St-Paul ne pouvant plus
désormais servir qu'à un planteur qui voudrait y
cultiver la patate à Durand.

Pendant que les affaires de St-Paul étaient
administrées comme nous venons de le dire, que
faisait-on à St-Pierre ?

On n'a qu'à visiter cette opulente cité pour
répondre à cette question. Pendant que St-Paul
jetait ainsi son argent à tous les vents, et char-
geait indéfiniment son budget d'une dette rela-
tivement considérable, la commune de St-Pierre
sérieusement administrée se mettait à l'œuvre.
On profitait de tous les avantages du canal St-
Étienne, dû à l'initiative d'un maire de Saint-
Pierre. La richesse se répandait en même temps
que les bienfaits de l'instruction. St-Pierre fondait son collège, qui dirigé par un homme émi-
nent, et subventionné par la commune, devenait
un établissement d'instruction de plein exerci-
ce. — Quant à St-Paul, il dépensait inutilement
l'argent des contribuables pour fonder un collège
communal dont l'administration était confiée à
un Principal, républicain radical et libre penseur

qui marchant sur les traces du système Duruy, n'a réussi qu'à fonder un établissement mort-né. — D'un autre côté St-Pierre fondait un Journal, et a même eu deux journaux à la fois quand St-Paul n'a jamais pu réussir à se procurer un organe dans la presse locale. Si nous voulions continuer ce parallèle, la comparaison serait écrasante pour St-Paul. En présence de tels résultats, et en rendant justice à tout le monde, peut-on refuser au maire de St-Pierre, à l'honorable M. Félix Frappier le tribut d'éloges qui lui est dû et qu'il a si bien mérité ?

Non ! nous l'avons dit en commençant ce modeste profil que nous offrons à nos lecteurs, M. Félix Frappier de Mont-Benoit a su mériter non-seulement l'estime et la reconnaissance de tous ses administrés, mais encore les sympathies de la colonie tout entière. Membre du conseil général, il a vu ses collègues lui offrir bien souvent la présidence de la première assemblée du pays. Il a toujours refusé. Espérons qu'il finira par faire violence à sa modestie, et qu'il consentira bientôt à accepter des fonctions importantes et délicates, où son patriotisme et son esprit de sagesse et conciliation pourront rendre tant d'utiles services au pays.

V. G.

www.ingramcontent.com/pod-product-compliance
Lightning Source LLC
Chambersburg PA
CBHW060811280326
41934CB00010B/2642